NOTICE

SUR

L'ÉVANGÉLIAIRE SLAVON DE REIMS

Dit : TEXTE DU SACRE

PAR

Louis LEGER

PROFESSEUR AU COLLÈGE DE FRANCE, PROFESSEUR HONORAIRE A L'ÉCOLE DES LANGUES ORIENTALES,
MEMBRE CORRESPONDANT DE L'ACADÉMIE DE REIMS,
DE L'ACADÉMIE DES SCIENCES DE SAINT-PÉTERSBOURG, DE LA SOCIÉTÉ ROYALE DES SCIENCES DE PRAGUE,
DES ACADÉMIES DE BUCAREST, AGRAM, BELGRADE, DE LA SOCIÉTÉ ARCHÉOLOGIQUE DE MOSCOU,
DE LA SOCIÉTÉ DE LITTÉRATURE RUSSE DE MOSCOU, DE LA *Matica Srpska*, ETC.

REIMS
F. MICHAUD, Libraire-Édit. de l'Académie
19, RUE DU CADRAN-SAINT-PIERRE

PRAGUE
Fr. ŘIVNÁČ, Nakladatel
PŘÍKOPY, 24

1899

NOTICE

L'ÉVANGÉLIAIRE SLAVON

DE REIMS

Dit : TEXTE DU SACRE

OUVRAGES DU MÊME AUTEUR

Cyrille et Méthode, 1 volume in-8, librairie Bouillon.

La Littérature russe, 1 volume in-12, 2e édition, Armand Colin.

Chrestomathie russe, 1 volume in-12, Armand Colin.

Le Monde slave, 2e édition, 1 volume in-12, Hachette.

Histoire de l'Autriche-Hongrie, 4e édition, Hachette.

Russes et Slaves, 3 volumes in-12, Hachette.

Études slaves, 1 volume in-12, Leroux.

Nouvelles Études slaves, 2 volumes in-12, Leroux.

Contes slaves, 1 volume in-12, Leroux.

Chronique russe, dite de Nestor, 1 volume grand in-8, Leroux.

Esquisse sommaire de la Mythologie slave, in-8, Leroux.

La Save, le Danube et le Balkan, 1 volume in-18, Plon.

La Bulgarie, 1 volume in-18, Cerf.

Grammaire russe, 1 volume in-18, Maisonneuve.

La Russie et l'Exposition de 1878, un volume in-12, Delagrave.

Les Slaves au XIXᵉ siécle, brochure in-8, Cerf.

Études sur la Mythologie slave, Maisonneuve.

Les Racines russes, 1 volume, Maisonneuve.

Voyage en Orient de Son Altesse Impériale le Césarevitch, 2 volumes, Delagrave.

NOTICE

SUR

L'ÉVANGÉLIAIRE SLAVON

DE REIMS

Dit : TEXTE DU SACRE

PAR

Louis LEGER

PROFESSEUR AU COLLÈGE DE FRANCE, PROFESSEUR HONORAIRE A L'ÉCOLE DES LANGUES ORIENTALE S,
MEMBRE CORRESPONDANT DE L'ACADÉMIE DE REIMS,
DE L'ACADÉMIE DES SCIENCES DE SAINT-PÉTERSBOURG, DE LA SOCIÉTÉ ROYALE DES SCIENCES DE PRAGUE,
DES ACADÉMIES DE BUCAREST, AGRAM, BELGRADE, DE LA SOCIÉTÉ ARCHÉOLOGIQUE DE MOSCOU,
DE LA SOCIÉTÉ DE LITTÉRATURE RUSSE DE MOSCOU, DE LA *Matica Srpska*, ETC.

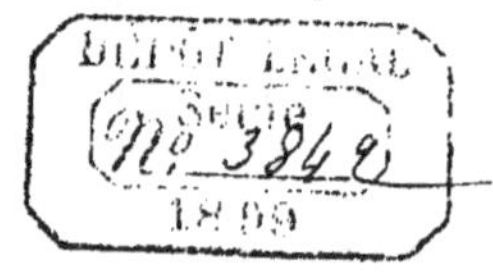

REIMS	PRAGUE
F. MICHAUD, Libraire-Édit. de l'Académie	Fr. ŘIVNÁČ, Nakladatel
19, RUE DU CADRAN-SAINT-PIERRE	PŘIKOPY, 24

1899

INTRODUCTION

I

On ne sait pas exactement comment l'Évangéliaire de Reims est
arrivé aux mains du cardinal de Lorraine. En revanche on sait parfaitement d'où ce manuscrit est originaire. La seconde partie, écrite en caractères
glagolitiques, se termine par cet *explicit*, écrit non plus en slavon d'église,
mais en langue tchèque vulgaire avec les caractères glagolitiques :

« En l'an du Seigneur 1395. Ces évangiles et ces épîtres en langue
slavonne, doivent être chantés toutes les fois que l'abbé dit la messe sous la
couronne (*sub infula*). Et l'autre partie de ces livres qui est suivant le rite
russe, Saint Procope l'a écrite de sa main. Et ce manuscrit russe le défunt
Charles IV empereur des Romains l'a donné pour la glorification de cette
église, et en l'honneur de saint Jérôme et de saint Procope. Seigneur
daigne lui donner le repos éternel. »

Ce texte est parfaitement clair et fait tomber toutes les légendes qui
avaient cours au temps jadis et qui notamment supposaient que l'Évangéliaire avait été apporté en France par la reine Anne de Russie, femme
d'Henri Ier.

Le manuscrit vient donc de Prague. Il se compose de deux parties. La
partie cyrillique a été donnée à un monastère par le roi de Bohême
Charles IV (1346-1378); l'autre partie est postérieure de dix-sept ans à
la mort de ce souverain.

L'Évangéliaire de Reims constitue un recueil factice, mais les deux parties qui le composent ne sont ni écrites de la même main ni originaires du même pays.

Comment Charles IV avait-il été amené à donner la première partie du manuscrit à un monastère et quel était ce monastère?

Charles IV, empereur des Romains, roi de Bohême, se plaisait volontiers à se considérer comme un prince slave. Après cinq siècles écoulés, les Tchèques si cruellement éprouvés, tant de fois déçus par des souverains d'origine étrangère, se plaisent encore aujourd'hui à le considérer comme un des bienfaiteurs de leur langue et de la nationalité (1).

Dans la célèbre Bulle d'or à laquelle son nom est resté attaché on lit les paroles suivantes :

« La majesté du saint empire romain doit prescrire des lois et commander à plusieurs peuples de diverses nations, mœurs et de différentes langues. Il est juste que les princes électeurs qui sont les colonnes de l'empire aient la connaissance de plusieurs idiomes, leur devoir étant de soulager l'empereur en ses plus importantes affaires. En conséquence nous ordonnons que les fils et héritiers du roi de Bohême, du comte palatin du Rhin, du duc de Saxe et du margrave de Brandebourg, qui doivent savoir l'allemand pour l'avoir appris dès l'enfance, apprennent à partir de sept ans les langues latine, italienne et slave, de façon à les posséder à l'âge de quatorze ans. »

Dans une lettre qu'il adressait au tsar de Serbie Douchan le Fort pour l'engager à accepter l'union avec l'église romaine, Charles IV lui rappelait qu'ils étaient issus de la même race, qu'ils parlaient la même langue : « Fratre carissimo quem et ejusdem nobilis slavici idiomatis participatio facit esse communem, cum ejusdem generosæ linguæ sublimitas nos felicibus auctore Domino et gratis auspiciis parturiverit utrobique. » Dans la lettre de fondation du monastère slave que nous examinerons tout à l'heure,

(1) Voir mon *Histoire de l'Autriche-Hongrie*, chap. x.

il s'exprime également en termes très respectueux sur le compte de cette langue slave dans laquelle saint Jérôme passait d'après une tradition peu critique, pour avoir traduit les Ecritures.

Désireux de préparer l'union des églises orthodoxes avec l'église romaine en créant à Prague un sanctuaire slave catholique, Charles IV ne l'était pas moins de donner satisfaction au patriotisme tchèque en assurant à la Bohême sinon l'unité de la liturgie slave, tout au moins un foyer dont elle pourrait rayonner au dehors et qui reprendrait la tradition des apôtres Cyrille et Méthode (1). La Bohême allait bientôt revendiquer la liturgie en langue tchèque par la bouche de Jean Hus et de ses disciples. Au ix{{e}} siècle elle avait pratiqué la liturgie slavonne importée par Cyrille et Méthode. Elle avait dû y renoncer par suite des manœuvres du clergé allemand et des instructions de la Cour de Rome (2).

Au xi{{e}} siècle une tentative avait été faite pour rétablir la liturgie slave dans le monastère bénédictin de Sazava. C'est un village situé au sud de Prague, sur la rivière du même nom, aux environs de Benešov. Les bénédictins étaient soustraits à la juridiction des évêques. L'ermite Procope put donc introduire dans le monastère fondé par les princes Oldřich et Břetislav, les innovations qu'il jugeait convenable. Il pratiqua dans son monastère de Sazava la liturgie slave en caractère glagolitique (3). Ce détail est important : le Saint-Siège était moins hostile à la liturgie glagolitique — qu'il tolère encore aujourd'hui dans certaines parties de la Dalmatie et au Montenegro — qu'à la liturgie cyrillique. Introduite vers 1040, cette liturgie glagolitique, mal vue du pape Grégoire VII, disparut sous son pontificat. Les livres slaves du monastère de Sazava furent brûlés.

Saint Procope, malgré son nom hellénique, n'était pas, comme on

---

(1) Voir mon livre sur *Cyrille et Méthode*. (Paris, 1868.)

(2) *Ib.*, chapitres viii à xii.

(3) J'ai visité Sazava en 1895. (Voir mon volume *Russes et Slaves*, 2{{e}} série, p. 312 et suiv.)

l'a cru en France, un saint grec; il n'a rien à voir avec l'hagiographie byzantine. Nous avons sur lui tout un ensemble de documents, notamment une légende rimée en vers tchèques et une légende latine. Ces deux documents ont été publiés au tome Ier des *Fontes rerum bohemicarum*, édités par le musée de Prague (1873). La légende rimée donne à Procope une épithète qui mérite d'être relevée : elle l'appelle l'héritier slave (*dědic slovensky*), c'est-à-dire celui qui a reçu de la Providence le soin de veiller sur la terre slave. Elle nous apprend qu'il était de race slave (*slovenského rodu*) et né aux environs de Český Brod. Si l'Évangéliaire cyrillique qu'on lui attribue était vraiment de sa main, nous aurions le devoir de nous appesantir sur sa biographie. Mais le manuscrit est probablement postérieur à Procope, et rien ne prouve qu'il eût été capable de copier un texte cyrillique. La biographie rimée fait l'éloge de ses vertus et de ses miracles, se tait complètement sur ses talents de copiste ou de calligraphe. Elle fait cependant allusion au caractère slave du monastère de Sazava : « Prince, disent les adversaires de la liturgie slave au prince Spytihněv, il y a ici certains Slaves, ils *ont une autre écriture;* — cette autre écriture c'est la glagolica; — ils font beaucoup de choses inconvenantes; ils se servent de la parole slave; ils se conduisent comme des hérétiques » (Légende rimée, § XLIX) (1). Le prince fait partir les bénédictins tchèques et venir des Allemands latinisants. (id., **L.**) Saint Procope ne peut souffrir l'affront fait à sa communauté; il apparaît miraculeusement aux moines allemands et les chasse à coups de bâton. On peut admettre que le manuscrit cyrillique de Reims a fait partie de la bibliothèque de Sazava, mais il est certain qu'il n'a pu servir pour la liturgie. Peut-être l'avait-on

---

(1) La légende latine s'exprime à peu près dans les mêmes termes : « Eos (les moines slavisants) multifariis vituperiis publicabant, scilicet dicentes; per sclavonicas litteras heresis secta ypocrysisque esse aperte irretitos ac omnino perversos. Quamobrem ejectis eis in loco eorum latinum abbatem et fratres constituere omnino esse honestum constantes affirmabant. »

fait venir pour le transcrire en caractères glagolitiques seuls autorisés par l'Eglise romaine.

Des indications liturgiques ajoutées au texte des Évangiles, il résulte que ce manuscrit appartient à la liturgie orientale. Les saints dont il signale les fêtes sont tous de l'Eglise orientale. Feuillet 22, on trouve l'indication προκ, c'est-à-dire προκειμένον. Le prokeimenon, en latin *graduale*, c'est le verset généralement tiré des psaumes qui se dit immédiatement avant l'évangile (1). Donc, en dehors des raisons que nous dirons tout à l'heure, saint Procope n'aurait pu consacrer ses loisirs à copier ce manuscrit cyrillique ; il l'aurait transcrit en caractères glagolitiques. Le manuscrit cyrillique appartient à l'église d'Orient. Dans un monastère slavisant, il pouvait seulement servir à établir des textes, à en reviser.

Malgré l'intervention miraculeuse de saint Procope, la communauté slave de Sazava ne resta pas longtemps en possession du monastère. A la fin du xie siècle, elle fut définitivement remplacée par des moines latinisants.

II

Dans la première moitié du xive siècle, Charles IV entreprit de reconstituer à Prague une communauté slave. Le 9 mai 1346, il obtint du pape Clément VI une bulle qui l'autorisait à fonder en Bohême un monastère où la liturgie serait célébrée en langue slavonne (2).

Nous avons le texte de cette bulle datée d'Avignon, 9 mai 1346. Elle renferme des assertions assez singulières et prouve notamment que le Saint-

---

(1) Léon Clugnet. — *Dictionnaire grec-français des noms liturgiques en usage dans l'église grecque.* Paris, 1895, *sub voce.*

(2) La langue slavonne des glagolites, la langue croate qui était leur langue de conversation, ne pouvaient en réalité être entendues des Tchèques pas plus que ne le seraient chez nous les sermons de prédicateurs italiens ou portugais. Le pape Clément VI ignorait évidemment ces détails.

Siège n'était pas très au courant des différences qui existaient alors entre la langue tchèque et la langue slavonne en usage dans les églises glagolitiques. Le pape Clément VI s'exprime ainsi : « D'après ce que nous a fait savoir notre cher fils Charles, margrave de Moravie, en Slavonie et dans quelques pays de langue slavonne, la messe et les heures canoniques sont chantées en langue vulgaire avec l'autorisation de l'Église romaine. »

Ceci n'est pas exact ; chez les Slaves méridionaux, au XIVe siècle, le slavon traditionnel ne pouvait déjà plus être identique à la langue vulgaire.

« Dans ces pays il y a des couvents de moines bénédictins ou autres qui pratiquent ce rite *ex antiqua consuetudine*, et ont été détruits ou ruinés par les troubles et les guerres. Les moines et les frères sont réduits à un état de vagabondage ; le culte divin et la foi sont compromis. Or, d'après ce qu'on nous a appris, il y a dans les pays du royaume de Bohème beaucoup de schismatiques et d'infidèles qui, lorsqu'on leur lit ou leur explique l'Écriture en latin, ne veulent pas l'entendre et ne peuvent être facilement ramenés à la foi ; les moines et les frères qui pratiquent le rite susdit pourraient donc être utiles dans ce royaume pour y augmenter la foi chrétienne. »

Charles IV publia le 21 novembre, à Nuremberg où il résidait alors (1), l'acte d'érection du nouvel établissement (2). Il devait être comme celui de Sazava occupé par des moines bénédictins. Ces moines devaient célébrer l'office en langue slavonne *« ob reverentiam et memoriam gloriosissimi confessoris beati Jeronymi Strydoniensis*, doctoris egregii et translatoris interpretisque eximii sacræ Scripturæ de ebraïca in latinam et slavonicam linguas, de qua siquidem Slavonica nostri regni Boemiæ idioma sumpsit exordium primordialiter et processit ».

Le nom de saint Jérôme dans cet acte de fondation nous explique pourquoi la partie glagolitique du manuscrit de Reims a été considérée

(1) Tomek. — *Histoire de la ville de Prague*, tome I, p. 560-562.

(2) L'acte d'érection a été plusieurs fois publié, notamment par Frind, *Die Kirchengeschichte Böhmens*. (Tome II. Prague, 1866.)

comme ayant fait partie de la bibliothèque de l'illustre docteur. Charles IV dans ce curieux document répète une légende qui avait cours chez les Slaves occidentaux et dont l'existence est confirmée par de nombreux textes. Saint Jérôme était dalmate. Il écrit dans une de ses lettres qu'il a traduit l'Écriture pour le peuple de sa langue, *linguæ meæ*. On a appliqué ce *meæ* aux Slaves de Dalmatie, sans réfléchir que du temps de saint Jérôme il n'y avait pas encore de Slaves en Dalmatie. L'origine de l'aphabet glagolitique était au Moyen Age, elle est même encore aujourd'hui assez mystérieuse.

En l'attribuant à saint Jérôme, non seulement on lui donnait des lettres de noblesse, mais encore on lui assurait la bienveillance et le respect des souverains Pontifes naturellement enclins à se défier des innovations. Cette tradition était courante chez les catholiques dalmates et dans les pays voisins ; ainsi le manuscrit célèbre connu sous le nom de *Glagolita Clozianus* (Manuscrit du comte Cloz) porte cette mention : « Isti quinterni hic intus ligati scripti fuerunt de manu propria S. Jheronimi (1). »

Innocent IV dans un document de 1248 (2) appela la Glagolica *littera specialis a S. Hieronymo*. Aujourd'hui encore à Rome un chapitre croate est établi auprès de l'église Saint-Jérôme des Illyriens. Ces Illyriens sont aujourd'hui des Slaves, mais encore une fois ils ne l'étaient pas à l'époque de saint Jérôme. En 1495 les habitants de la Carniole fondèrent à Aix-la-Chapelle un confessionnal slave pour les pèlerins de leur pays et ils le placèrent sous le patronage des saints Jérôme, Cyrille et Méthode (3). Au xvie siècle la langue des manuscrits et des livres glagolitiques est même appelé « *lingua Hieronymiana*, seu Dalmatorum aut Illyriorum », dans le curieux ouvrage de Guillaume Postel : « Linguarum duodecim charactœribus

(1) Glagolita Clozův, éd. Vondrak. Prague, 1893.
(2) Quam illius terræ clerici (les prêtres du diocèse de Zengg ou Senj) se habere a S. Hieronymo asserentes (bref cité par Ginzel, *Geschichte der Slavenapostel*, codex, p. 92).
(3) Kopitar. Prolegomena historica, p. xiii.

differentium Alphabetum, introductio ac legendi modus longe facillimus (Paris, Denis Lescuier, sub porcelli signo 1538). »

Ainsi chez les Slaves catholiques du Sud et de l'Occident saint Jérôme était universellement, à tort d'ailleurs, considéré comme le traducteur des Écritures en caractères glagolitiques. En Bohème, Cyrille et Méthode étaient considérés comme les traducteurs de l'Écriture en langue russe. La chronique tchèque rimée dite de Dalemil raconte (ch. XXIII) que le prince Bořivoï fut baptisé par Svatopluk, roi de Moravie, et par Méthode, archevêque de Velehrad.

> Ten arcibiskup Rusin bieše
> Mšiu svú Slavensky slúžieše.

« Cet archevêque était russe, il disait la messe en slavon (vers 19 et 20). » L'auteur de cette chronique vivait au XIVe siècle. Son témoignage concorde avec celui du copiste anonyme de notre Évangéliaire glagolitique qui déclare que l'autre partie du livre — c'est-à-dire la partie cyrillique — est suivant la loi (ou le rite) russe — *podlě rusiskeho zakona* — et que l'empereur Charles IV a donné cette écriture russe, *pismo rusiske*, pour glorifier le monastère.

L'acte d'érection du nouveau monastère atteste à la fois la dévotion de Charles IV et son patriotisme slave. Il le place uniquement sous le patronage de saints slaves : saint Jérôme — considéré à tort comme tel —, saint Cyrille et saint Méthode, apôtres de la Moravie et de la Bohème et traducteurs des Écritures; Adalbert, évêque de Prague, apôtre des Hongrois et des Lithuaniens et martyr, enfin Procope de Sazava, tous « patrons dudit royaume, martyrs et confesseurs ». Après avoir énuméré les biens qu'il assigne pour l'entretien de la nouvelle fondation, l'empereur-roi invoque contre ceux qui oseraient résister à ces prescriptions la malédiction de Dieu tout puissant et des saints Jérôme, Cyrille et Méthode, Adalbert et Procope. Le manuscrit liturgique glagolitique semble avoir voulu commenter les intentions de l'empereur. Il comprend en effet des offices en l'honneur de saint Procope, abbé (p. 25), de saint Vacslav, un patron de la Bohême oublié par Charles IV (p. 34), de saint Jérôme (p. 36), enfin des saints Cyrille et Méthode. Examinons un peu ces textes. Ces offices constituent un *propre* du diocèse, mais du diocèse *slave* de Prague.

L'office de saint Procope comprend un texte de l'épitre de saint Paul aux Romains et un texte de saint Luc. Ils n'ont pas d'intérêt spécial. A noter cependant le mot tchèque latin *opat,* abbé, employé pour qualifier la saint ; dans un texte cyrillique on lirait plutôt igumenŭ (hégoumène). Le commencement du texte de saint Luc débute par une lettre ornée qui renferme un portrait de saint Procope coiffé d'une mitre blanche, vêtu d'une robe brune et tenant en main le bâton pastoral. La page 31 renferme un office de saint Venceslas (Viatcheslav), martyr. Il s'agit du patron de la Bohême. L'office de saint Jérôme (p. 36) débute par ces mots : en l'honneur de saint Jérôme docteur, notre père. Docteur est traduit par *doktor* : dans un texte cyrillique on aurait lu učitelj ; noter ces mots : notre père, c'est-à-dire notre père spirituel, celui auquel nous devons notre église et notre liturgie. Le texte de saint Luc est emprunté au passage où il est question de ceux qui ne mettent point la lumière sous le boisseau, et un fragment de l'Apocalypse fait allusion aux peuples nombreux qui se tiennent devant le trône et devant l'Agneau, vêtus de robes blanches et portant des palmes. Ce sont évidemment les Slaves convertis grâce à la traduction de saint Jérôme. Le portrait de l'illustre docteur figure d'ailleurs dans la lettre ornée de la page 27. Il est représenté portant le chapeau rouge des cardinaux, conformément aux traditions des miniaturistes du Moyen Age.

Enfin, page 56, figurent les noms des deux apôtres Cyrille et Méthode malheureusement cette fois sans miniature. Il eût été intéressant de voir comment on se représentait en Bohême les deux illustres frères. L'office leur applique un texte du livre de la Sagesse : « Reddidit Deus mercedem laborum sanctorum suorum et deduxit illos in via miraculi. Transtulit illos per mare rubrum et transvexit illos per aquam. Inimicos illorum demersit in mari... Ideo justi tulerunt spolia impiorum et decantaverunt nomen tuum, Domine. Et victricem manum tuam laudaverunt. » Hélas! l'œuvre de Cyrille et de Méthode n'a pas été aussi victorieuse, du moins en pays catholique, que ces textes pourraient le faire croire.

Ainsi le manuscrit nous fournit quelques lueurs sur la foi patriotique de celui qui l'a compilé. Cette foi répond aux sentiments qui avaient inspiré à Charles IV l'idée de la nouvelle fondation.

La Bohême latinisée n'avait point de prêtres connaissant la liturgie slave glagolitique; il fallut en faire venir des pays croates ou dalmates où cette liturgie était en usage. Les documents contemporains ne disent rien sur l'arrivée de ces moines, le lieu d'où ils étaient venus. Un écrivain du xvi⁰ siècle, Iaroslav Bilovsky (1480-1555), qui fut prédicateur et curé de Prague, affirme, sans doute d'après des traditions locales, qu'ils venaient du diocèse de Senj ou Zengg (littoral croate) où la liturgie glagolitique était toujours en usage(1). L'évêque de Senj, Protiva, était à Prague en 1336 et avait peut-être parlé à l'empereur–roi de la liturgie de son diocèse. M. Tomek, dans son *Histoire de la ville de Prague* (2) a reconstitué la liste des abbés. Le premier s'appelait Jean (1349), le second Paul (1368-1412), le troisième Křiž (1412–1414), le quatrième Paul (1415–1426). Des moines tchèques se joignirent à leurs confrères croates. Les noms relevés par M. Tomek (*loco citato*) appartiennent nettement pour la plupart à la nationalité tchèque.

Le monastère slave fut établi sur la rive droite de la Vltava non loin de cette rivière presque au pied de la colline historique et légendaire du Vyšehrad. Il existe encore aujourd'hui; la construction dura de longues

______

(1) Dans l'ouvrage intitulé *Kronika Cirkevní*, Chronique ecclésiastique, Nurenberg, 1537 (réimprimé à Prague en 1816), je trouve cette indication dans le travail de feu Perwolf : *La langue slavonne et ses destinées* dans le Recueil du Jubilé de saint Méthode Меѳодіевскій Сборникъ. Словѣнскій языкъ и его судьбы у народовъ славянскихъ (Varsovie, 1885).

(2) Tome V, p. 216.

années. Il ne fut achevé qu'en 1372. Le lundi de Pâques il fut inauguré par l'archevêque de Prague, Jean Očko de Vlašim, en présence de l'empereur et des hauts dignitaires. On lut ce jour-là à l'office l'évangile des pèlerins d'Emmaüs (Luc, xxiv, 13-35) (1). Les Tchèques qui l'entendirent en slavon (il ne figure pas dans notre Évangéliaire de Reims) purent se convaincre que si la langue slavonne glagolitique était plus intelligible aux auditeurs que le latin, bien des mots cependant échappaient encore à leur oreille. Je citerai seulement celui de Jésus : en slavon **Ісоусъ** (Isous), en tchèque Ježiš (Iejich). Quoi qu'il en soit, le nom d'Emmaüs frappa l'imagination populaire. Il est resté au couvent : on l'appelle encore aujourd'hui Emmaüs et la rue sur laquelle il était situé s'appelle *na Slovanech*, rue des Slaves (2). Notre Évangéliaire de Reims ne servit point en ce jour solennel, puisqu'il est postérieur à la mort de Charles IV arrivée en 1378. Les prêtres croates et les Tchèques qui s'étaient joints à eux ne se contentèrent pas des manuscrits déjà existants ; ils en écrivirent de nouveaux. Les Tchèques eurent même l'idée d'écrire des livres tchèques, par exemple en 1416 une bible tchèque, en caractères glagolitiques. Cette innovation trouva heureusement peu d'imitateurs. La langue tchèque n'aurait rien gagné à être défigurée par l'alphabet glagolitique, l'un des plus difficiles à lire de l'Europe. Jean Hus, quand il réclama pour elle une place dans le culte chrétien, se garda bien de lui imposer cet alphabet aux formes bizarres.

Les moines du monastère slave, Croates ou Tchèques, ne donnèrent pas toujours aux fidèles l'exemple de la concorde et de la discipline. En 1367 quelques-uns d'entre eux veulent quitter la communauté ; l'archevêque les y maintient par la crainte de l'excommunication. Un peu plus tard, la

(1) Tomek. Tome II, p. 67, d'après la chronique de Beneš de Weitmil : *Fontes rerum Bohemicarum*, tome IV, p. 545.

(2) Au témoignage de Tomek, tome III, p. 106, il existe une histoire manuscrite (de la première moitié du xviiie siècle) : *Chronicon monasterii slavorum ordinis Sancti Benedicti in Emaus ad sanctum Nicolaum*. Ce ms. est aujourd'hui conservé au monastère de Břevnov.

communauté entière s'insurge contre l'abbé, l'archevêque a grand'peine à maintenir l'ordre ; au bout de deux années de luttes l'abbé finit par avoir cause gagnée. Un moine appelé Brdo (sans doute un croate) quittait le monastère pour vivre chez lui, un autre resté inconnu s'enfuyait avec une femme mariée (1).

Pendant les guerres hussites, le monastère, situé dans un faubourg, eut à souffrir à diverses reprises des opérations militaires (Tomek, IV, p. 39, 53, 61). On sait le nom de quelques–uns des prêtres hussites qui l'occupèrent. Il eut pour curé (presbyter), de 1432 à 1434, Pierre l'Anglais, autrement dit Payne. En 1435, un certain Gallus porte le titre d'économe et d'administrateur du monastère des Slaves. Au mois de septembre 1436, le monastère reçoit la visite d'un prélat français, Philibert, évêque de Coutances. Ce prélat, qui avait pris part au Concile de Bâle, fut envoyé en Bohême par le Concile (1433) pour rétablir la paix religieuse. Il y réussit et fit signer les fameux *compactata*. Il remplit les fonctions de légat pontifical et d'évêque. Le jour de la fête de saint Jérôme, patron du monastère, Philibert y célébra la messe, en latin bien entendu, bénit l'eau, donna à plusieurs fidèles le sacrement de confirmation.

Le 18 mai 1437, l'empereur Sigismond confirma les privilèges du monastère slave (Tomek IV, p. 141). Au xve siècle, on n'a pas la série exacte des abbés, mais on sait que le monastère existe toujours, que la communauté se recrute parmi les Utraquistes (2). A quelle époque la liturgie slave a–t–elle disparu ? On l'ignore. Grâce à son occupation par les Utraquistes, le monastère échappa en somme aux ravages des guerres hussites.

Même après avoir renoncé aux pratiques religieuses pour lesquelles il avait été institué il garda le nom de monastère slave. Il le garde encore

(1) Tomek, tome III, p. 250.
(2) Tomek, tome IV, p. 144. M. Tomek donne, p. 351, la liste des abbés utraquistes de 1436 à 1525. D'après les noms, ce sont tous des Tchèques.

aujourd'hui et il appartient toujours à l'Ordre des Bénédictins. Il est occupé depuis 1880 par les Bénédictins dits de Beuron qui avaient dû quitter l'Allemagne à la suite du *Kulturkampf*.

Comment notre manuscrit est-il sorti de Prague pour venir échouer à Reims? Il ne semble pas qu'il ait été enlevé par violence : M. Tomek, dans son admirable *Histoire de Prague*, n'a relevé aucun acte de pillage commis contre la communauté. Sans doute un manuscrit peut toujours être dérobé en tant qu'objet isolé. Une ingénieuse hypothèse déjà présentée par M. Palacky mérite d'être prise en sérieuse considération. En 1452 nous voyons les Utraquistes entrer en relations avec l'Église de Constantinople. Cette Église leur adresse une lettre pour les inviter à conclure avec eux un pacte d'union, « non pas l'union proposée au Concile de Florence, mais celle qui repose sur les vraies règles de la foi (1) ». Cette lettre est signalé par trois prélats. Macaire de Nicomédie, Ignace de Trnovo, Joseph Akacias de Philippopoli. Trnovo et Philippopoli sont deux villes de Bulgarie et les deux titulaires de ces diocèses connaissaient certainement l'existence de la liturgie slave. Les administrateurs du Consistoire utraquiste de Prague répondirent le 29 septembre 1452 par une lettre adressée à l'empeur Constantin Paléologue, au patriarche Gennadios et à toute l'Église grecque. Peut-être à propos de ces négociations eurent-ils l'idée d'envoyer à présent à Constantinople un manuscrit dont la première partie (la partie cyrillique) rappelait les liens étroits qui unissent l'Église slavonne à l'église grecque, dont l'autre pouvait réclamer le patronage de saint Jérôme. Ceci bien entendu n'est qu'une hypothèse. D'ailleurs rien ne voyage aussi aisément que les manuscrits : un manuscrit tchèque de la chronique de Dalemil est à la bibliothèque de Cambridge, d'anciens manuscrits bulgares se sont égarés les uns en Angleterre, les autres en

______

(1) Je résume cette correspondance d'après Palacky, *Histoire de Bohême* (édition tchèque, tome IV, Ire partie, livre XIV).

Belgique. Mon regretté ami M. Graux avait découvert un manuscrit slavon dans une bibliothèque de Grenade.

Si le manuscrit est parvenu à Constantinople de la manière que nous indiquons, il a pu au xvie siècle tomber aux mains de Constantin Palæocappa, le copiste et fournisseur attitré du cardinal de Lorraine. Si Palæocappa n'a pas trouvé le manuscrit à Constantinople, il a pu le trouver dans quelque autre de ses voyages. Rien ne prouve d'ailleurs, que ce soit lui qui l'ait fourni au cardinal de Lorraine. En 1539 et 1541 on constate la présence de Constantin Palæocappa au mont Athos. Il dut évidemment séjourner à cette occasion dans l'ancienne capitale du monde byzantin (1).

Nous savons parfaitement la date de la partie glagolitique et le lieu où elle a été écrite. Pour la partie cyrillique, dont le manuscrit est incomplet, nous sommes réduits aux conjectures. Écartons d'abord la légende qui l'attribue à saint Procope. On peut soupçonner comment elle s'est formée. Le manuscrit complet portait peut-être à la fin le nom du copiste, quelque formule analogue à celle que nous lisons à la fin de la chronique russe, dite chronique laurentine. « Le marchand se réjouit ayant fini son négoce, le voyageur étant rentré dans son pays; ainsi se réjouit le copiste des manuscrits étant arrivé à la fin des livres, ainsi moi pauvre, indigne et grand pécheur esclave de Dieu, Laurent moine. » Procope est un nom très commun dans l'église orientale. Si le copiste portait ce nom et l'avait mis à la fin du manuscrit, on comprend aisément la confusion qui a pu s'établir dans l'esprit des Tchèques du xive siècle fort ignorants naturellement en paléographie cyrillique.

D'ou vient cette partie cyrillique? De quelle époque date−t−elle? Différentes hypothèses ont été émises par les slavistes compétents. Biliarsky

<hr>

(1) Omont. Catalogue des mm. ss. grecs, copiés à Paris au xvie siècle par Constantin Palæocappa (Annuaire de l'Association pour l'encouragement des Etudes grecques, 1886, p. 241-279). Je tiens à remercier M. Omont d'avoir bien voulu me signaler ce travail ; je ne lui suis pas moins reconnaissant de l'intérêt qu'il a témoigné à la présente publication.

supposait (1847) qu'elle avait dû être écrite en Valachie d'après un manuscrit de la Russie méridionale qui lui—même avait eu pour base un texte
moyen bulgare. P. A. Lavrovsky inclinait à croire qu'elle avait pour base
un texte serbe. Kopitar dans ses Prolégomènes, déclare que la partie cyrillique
n'est pas antérieure au xive siècle (sana critica id nonnisi pro scripto seculi
xiv admittit). L'auteur de la préface française qui précède les Prolégomènes
de Kopitar n'avait pas même pris la peine de les lire et déclare hardiment
que notre manuscrit est plus ancien que l'Evangile d'Ostromir écrit en 1056
et 1057 !

En 1887 un professeur de Saint—Pétersbourg, M. Sobolevsky, a étudié
avec soin la partie cyrillique et publié le résultat de ses recherches dans le
journal philologique russe de Varsovie (n° 3, p. 143–150). Je n'ai pas sous
les yeux le travail de M. Sobolevsky, mais il a été résumé par un juge com-
pétent, M. Pastrnek, dans la Revue tchèque de la *Matice Moravská* année
1891. M. Pastrnek adhère aux conclusions de M. Sobolevsky. Au point
de vue paléographique, M. Sobolevsky relève dans le manuscrit l'emploi
fréquent de la couleur jaune; cette couleur se remarque dans les manuscrits des Slaves méridionaux, des Russes et des Grecs du xie au xiie siècle.
Même observation pour certains emplois de la couleur bleue qui remplace
parfois le cinabre (1).

L'écriture est une onciale dont le type ne se rencontre pas au delà du
xiie siècle. Certaines lettres ont un aspect plus ancien. M. Sobolevsky entre
ici dans des considérations purement techniques sur lesquelles je n'insiste
pas. L'emploi des couleurs, la forme et l'emploi des lettres montrent que

(1) Dans ses *Leçons sur l'histoire de la langue russe* (Лекцiи по исторiи русскаго
языка, 2e édition, Saint-Pétersbourg, 1891), M. Sobolevsky (p. 12) classe ainsi les manuscrits
slavons-russes d'après leur ancienneté :

1° Évangile d'Ostromir (1056-57); les deux Sborniks (recueils) de Sviatoslav, 1063 et 1076;
3° l'Évangile dit d'Arkhangelsk, 1092; 4° 3 ménées de Novgorod, 1095, 1096, 1097.

Il rattache au xie siècle ou au commencement du xiie un certain nombre d'autres textes,
notamment la partie cyrillique de l'Évangéliaire de Reims.

l'évangile cyrillique appartient au xɪɪ^e ou xɪ^e siècle ; il offre toutes les par-
ticularités que l'on retrouve dans les manuscrits russes de cette époque. Il y a
donc lieu de conclure que le manuscrit, tout au moins par ses origines,
appartient à la Russie. Il n'offre d'ailleurs, au point de vue de la langue et
de la correction du texte, qu'un intérêt très secondaire (1). Le copiste est
fort négligent. Il se permet de nombreuses distractions. Il n'a pas de règles
fixes en orthographe. Il laisse des blancs dans l'intérieur des mots. Il répète
deux fois le même pronom, il passe des lettres de façon à rendre parfois le
texte inintelligible. Il écrit Babylon pour Zabulon. L'édition photogra-
phique permettra de constater si parmi ces erreurs quelques–unes ne sont
pas imputables à Silvestre. Ce manuscrit cyrillique n'aurait qu'une valeur
secondaire sans les grands souvenirs auxquels il se rattache. La partie
glagolitique est surtout intéressante comme monument de la liturgie slave
catholique dans la Bohême soumise bien malgré elle à la liturgie latine.

III

Nous ne savons pas en somme comment le manuscrit parvint aux
mains du cardinal de Lorraine (2). Nous ne savons pas mieux dans quelles
circonstances il en fit don au trésor de la Cathédrale. La première mention de ce don figure dans l'inventaire du trésor de la Cathédrale dressé
en 1669, d'après d'anciens inventaires. Cet inventaire suivant son intitulé
est « fait et renouvelé et extrait sur les anciens inventaires ».

(1) Dobrovsky (*Slavin*, p. 70), qui n'avait pas vu notre ms. considéré comme perdu à l'époque où il écrivait (1808), supposait bien à tort qu'il avait été apporté en France vers 1250, par
la princesse serbe Hélène. Il le croyait écrit en grec et en slavon (Id. p. 275 et suivantes). La
dissertation qu'il consacre à l'Evangéliaire est remplie d'hypothèses erronées et n'a aujour-
d'hui qu'un intérêt historique.

(2) Il a pu, c'est l'hypothèse la plus vraisemblable, le recevoir de Palæocappa, il a pu
aussi l'acquérir durant un voyage en Italie, lors d'un séjour de neuf mois qu'il fit à Rome
en 1572.

Le passage concernant notre Évangéliaire est ainsi conçu :

« Item un livre dans lequel sont escrits les évangiles en langue grecque et ciriacque (1), selon d'autres en esclavonique; du don de mondict seigneur cardinal de Lorraine faict la veille de Pasques 1574. Icelluy couvert d'argent doré d'un costé avec plusieurs pierres et cinq cristaux sous lesquelz sont plusieurs reliques, sçavoir : une croix de bois de la vray croix et des reliques de sainct Pierre et sainct Philippe apôtres, de sainct Silvestre pape, de sainct Cyrille, de saincte Marthe, saincte Marguerite, de l'espongne et de la ceinture de Notre Seigneur : aux quatre coings sont les figures d'argent émaillé de l'aigle, de l'homme, du lion, du bœuf, simbole des quatre Évangélistes : le dict livre provient aussy (comme l'objet précédent, une *tablette en deux* fort antique du bois de la vraie croix et de la crèche de Nostre Seigneur) du Trésor de Constantinople et on tient venir de saint Hiérôme et pèse six marcs six onces (2). »

Nos lecteurs comprennent comment le manuscrit écrit en caractères glagolitiques pouvait être attribué à saint Jérôme, l'inventeur présumé de cette écriture.

Dans sa description du trésor de Notre-Dame, vers 1640, Dom Marlot signale un livre d'évangiles écrit en lettres indiennes fort estimé — ces lettres indiennes ce sont les lettres glagolitiques (3) — et une ancienne tablette laissée par le cardinal de Lorraine. C'est le diptyque dont il est question plus haut.

Les reliques insignes dont le manuscrit était revêtu, la tradition qui le rattachait à la personne vénérée de saint Jérôme, devaient prêter à notre

---

(1) Ces pages sont rédigées d'après les documents compilés à la bibliothèque et aux archives de Reims par M. Jadart, le savant et aimable bibliothécaire de la ville. Je le prie une fois pour toutes de vouloir bien agréer mes remerciments pour son zèle infatigable et pour son inépuisable érudition.

(2) Pr. Tarbé. Trésors des églises de Reims, 1843, p. 59.

(3) Dom Marlot n'aurait-il pas écrit indiennes pour illyriennes? L'alphabet glagolitique offre d'ailleurs à première vue une certaine ressemblance avec certaines écritures orientales.

manuscrit un caractère particulièrement auguste. D'après une tradition recueillie par Piganiol de la Force, tradition parfaitement vraisemblable : le cardinal « portait sur son estomac dans les processions, comme une relique, un livre qui est en vieux caractères slavons, très bien conservé. » (*Description du gouvernement de la Champagne. Nouvelle description de la France*, troisième partie, ch. ii. Reims) (1).

Aucun texte rémois ou étranger n'atteste que le manuscrit ait servi lors du sacre des rois Louis XIII et Louis XIV. Contrairement au récit de M. Louis Paris (p. 11 de sa préface), rien ne prouve que le manuscrit ait été exhibé à Pierre le Grand lors du passage de ce souverain à Reims le 22 juin 1717.

Un manuscrit (in-folio) de la bibliothèque de l'archevêché de Reims s'exprime ainsi (2) :

« Le czar... à son retour de la Cour de France en ses Etats passa par Reims... Comme il ne passa que fort vite en chaise de poste, on ne put observer exactement ce qui avait été prescrit. Il alla tout droit à Saint-Remy pour y voir la sainte Ampoule, puis à Saint–Nicaise d'où on croyait qu'il alloit continuer sa routte, mais il revint dans le carrosse de Monseigneur l'archevêque en son palais et entra ensuitte dans l'église (métropolitaine) où il ne resta que très peu de tems. Messieurs les sénéchaux et plusieurs de messieurs les chanoines l'y accompagnèrent ; il rentra ensuitte au Palais où après avoir pris quelques rafraîchissements il partit pour aller à Aix-la-Chapelle... »

Cette note, comme on le voit, ne fait aucune allusion à notre manuscrit ; en revanche, sur le folio 1 recto de l'Évangéliaire, le Chapitre de Reims a consigné la mention suivante :

---

(1) Le texte de Piganiol de la Force a été à peu près littéralement reproduit par l'abbé Expilly (*Dictionnaire géographique, historique et politique des Gaules et de la France*, Amsterdam 1770, tome VI, p. 143).

(2) Communication de M. Jadart.

« Le vice-chancelier du czar qui avoit passé à Reims le 22ᵉ juin 1717, y passant le 27, fit lecture de la première partie de ce livre avec deux seigneurs qui étoient avec luy, très facilement : ils dirent que c'étoit leur langue naturelle et ne purent lire la seconde partie. »

Cette mention est complétée par un récit plus détaillé qui figure sur un feuillet détaché conservé à la bibliothèque de Reims (MMss., Livres liturgiques, Nᵒ 49) :

«...L'ambassadeur du czar en France, passant à Reims le 18 juin 1726 pour aller aux eaux d'Aix, vint voir le trésor de l'église de Reims avec son secrettaire et firent la lecture de la première partie de ce livre fort facilement devant plusieurs de messieurs les chanoines et chapelains de l'église.

Ils dirent que c'étoit (*sic*) des endroits de l'Evangile écris en langue esclavonique, et de la plus ancienne écriture qu'il y eut et que c'étoit leur langue et que ces morceaux détachés étoient en forme de marti-rologe.

Ils dirent que le chiffre qui marque la première page de ce livre est en leur langue le nombre 19 et qu'ainsy il manque 18 pages au commencement de ce livre, que le titre qui est dans la première feuille de ce livre est du 5 chapitre de saint Mathieu.

A l'égard de la seconde partie de ce livre qui est d'un autre caractère, ils n'en purent rien dire, mais ils dirent qu'ils croioient qu'elle était écrite en langue illirique qui approche de l'esclavonne, et que ce caractère est des plus anciens (1).

Quelque tems après que cet ambassadeur fut sorti de l'église, MM. Le Jeune et Regnault, chanoines, qui avoient été presens à la lecture de ce livre, se transportèrent avec le livre à l'auberge du Moulinet où cet ambassadeur étoit descendu ; ils demandèrent à parler au secrétaire. On les introduisit dans sa chambre et il étoit absent. On leur montra un

(1) Cette hypothèse était absolument exacte.

petit livre relié qui étoit sur sa table, ils l'ouvrirent et remarquèrent que c'étoit un livre de prières, et dont le caractère étoit pareil à celui de la première partie du livre de l'église de Reims qu'ils confrontèrent ensemble.

M. Regnault, chanoine, y retourna après midi et pria M. le secrétaire de lui faire la lecture de la première page de ce livre et de lui dicter en françois, ce qu'il fit gracieusement et M. Regnault écrivit, suivant qu'il me l'a donné ainsy (numéro page 19) : »

La citation comprend toute la première page du texte cyrillique, page qui porte en slavon le chiffre 19.

L'abbé Pluche, dans le *Spectacle de la Nature* (1re éd., Paris, 1732, 8 vol.), s'est occupé de notre manuscrit. Il avait des raisons spéciales de s'y intéresser. Il était né à Reims, il y avait enseigné les humanités au collège de cette ville. Dans son *Spectacle de la Nature* (tome VII, p. 256), il mentionne Ebbo, archevêque de Reims au ixe siècle, qui fit des missions en Saxe. « On croit, dit-il, que c'est de lui que provient cet ancien recueil d'épîtres et d'évangiles en lettres esclavonnes (1) sur lequel nos rois mettoient la main dans leur sacre en faisant serment de rendre la justice. On se sert à présent du livre des évangiles en caractères d'usage... » Cette dernière mention est à examiner : que veut dire « à présent » ? Louis XV fut sacré en 1722 ; Louis XVI en 1775. L'abbé Pluche savait-il ce qui s'était fait au sacre de Louis XV ? Aucun texte officiel relatif au sacre — M. Jadart a eu l'extrême obligeance de les relever tous — ne précise le livre ou le manuscrit sur lequel le roi prête le serment ou qu'il baise à la fin de la cérémonie. En revanche les textes de Büsching et de Storch que nous citons plus loin sont formels. D'après la version de Pluche le manuscrit aurait servi pour le sacre de Louis XIII. Il écrit avec une telle légèreté que l'on ne peut guère prendre au sérieux ses assertions.

(1) Ces assertions, bien entendu, sont de pure fantaisie et ne méritent même pas d'être discutées.

La réputation du manuscrit était telle au xviiie siècle qu'il figure parmi les curiosités de la ville de Reims dans la *Géographie universelle* de l'allemand Büsching : Büsching ajoute qu'il servait au serment des rois de France et cette circonstance est toute naturelle si l'on songe aux traditions qui rattachaient le manuscrit à saint Jérôme et aux reliques insignes dont il était orné. Voici le texte même de Büsching :

« Das Evangelienbuch auf welches die Kœnige den Eid ablegen und welches auswendig mit Goldblech oberzogen und mit ungeschliffenen Edelsteinen besetzet ist soll in slawonischer Sprache geschrieben sein (Ed. de Schaffhouse, 1769, IIe partie, p. 122 (1). »

Ce texte si précis de Büsching indique pour notre manuscrit une possession d'état qui paraît incontestable.

En 1782 l'impératrice Catherine II entendit parler du fameux manuscrit. Elle demanda des renseignements au gouvernement français et on lui adressa une note qui a été publiée en 1839 dans la Revue de Saint-Pétersbourg Сынъ Отечества (2). Un de mes élèves actuellement à Saint-Pétersbourg, M. Laronde, a bien voulu copier pour moi le texte de ce document. Il est ainsi conçu :

NOTE SUR UN TEXTE DES ÉVANGILES QUE POSSÈDE L'ÉGLISE DE REIMS.

Le livre sur lequel on demande des renseignements est un texte des évangiles donné à l'église de Reims en 1554 (*sic*) par le cardinal Charles de Lorraine son archevêque. L'inventaire des effets appartenant à l'archevêque, qui a été fait peu de temps après cette époque, rapporte qu'il avait été tiré du trésor de Constantinople, qu'il fut donné au dit Cardinal comme un

(1) Le livre des Evangiles sur lequel les rois prêtent le serment du couronnement et qui est garni extérieurement de plaques d'or et de pierres précieuses brutes, est, dit-on, écrit en langue slavonne.

(2) Tome VIII. Section VI, p. 70-71.

ouvrage précieux et provenant suivant une ancienne tradition de la bibliothèque de saint Jérôme.

La première partie de ce manuscrit est en langue orientale à l'usage des
caloyers et en caractères serviens (c'est-à-dire serbes) dits de saint Cyrille.

La deuxième partie est en langue esclavonne et les caractères illiriens
dits de saint Jérôme (1). Les alphabets de ces deux espèces de caractères
sont rapportés dans le premier volume de la *Diplomatique* des PP. Tassin
et Toustain, bénédictins (II⁰ partie, page 702). Les caractères des deux
parties du manuscrit dont on parle y paraissent exactement conformes.

Le vice-chancelier du czar Pierre Iᵉʳ, passant à Reims le 27 juin 1717,
fit lecture sans difficulté de la première partie, ainsi que deux seigneurs
qui étaient avec lui. Ils dirent que c'était leur langue naturelle, mais ils
ne purent lire la deuxième partie.

Ce manuscrit est sur vélin dans le format in—4°, relié en bois et maro-
quin rouge, recouvert d'argent doré avec plusieurs cristaux sous lesquels
sont des reliques de la vraie croix et de plusieurs saints. On voit aux quatre
coins les figures en argent émaillé de l'aigle, de l'homme, du lion et du
bœuf, emblèmes des quatre évangélistes. Le reste de la couverture est
parsemé de pierres précieuses enchâssées dans le vermeil. L'ouvrage est
assez bien fait et se rapporte, pour le goût et la manière, à ceux que l'on
connaît du xvrᵉ siècle.

Le roi fait le serment royal le jour de son sacre sur ce volume. On s'en
sert de préférence pour cet usage, sans doute parce qu'il réunit le texte
des évangiles et des reliques précieuses, deux monuments sur lesquels on
a coutume de faire les serments dans l'Église catholique.

On voit encore dans le trésor de l'église de Reims un texte des évangiles moins précieux, sur lesquels nos rois faisaient le serment de leur
sacre avant que le cardinal de Lorraine ait donné l'exemplaire dont on
vient de parler. »

(1) Nous trouvons ici pour la première fois la partie glagolitique identifiée.

Voilà, certes, un texte décisif. On ne peut regretter qu'une chose, c'est qu'il ne soit pas signé.

Vers 1785 ou 1786, d'après Alter et Vœlkner (voir plus loin la bibliographie), le chanoine Mayer, de Hambourg, aurait écrit en Allemagne une lettre où il parle de l'Évangile de Reims écrit en langue slave sur lequel les rois prêtaient le serment. Ce Mayer (Frédéric-Jean-Laurent) a en effet visité la France à diverses reprises. On ne trouve rien sur Reims dans les ouvrages de lui que j'ai pu consulter à Paris.

Le texte décisif du géographe allemand Büsching, est confirmé par son compatriote, le voyageur Heinrich Storch. *Skizzen, Scenen und Bemerkungen auf einer Reise durch Frankreich gesammelt* (Heidelberg 1887). Je n'ai pas pu mettre la main sur l'édition allemande, mais j'ai rencontré à la Bibliothèque nationale une édition hollandaise publiée à Leyde en 1792 : *Schetzen, Tooneelen, en Warnemengen verzameld op eene Reize door Frankryk.* On y lit ce qui suit dans la description de la cathédrale : « Le riche évangile garni de pierres précieuses, sur lequel les rois de France prêtent serment lors de leur couronnement, est écrit en langue slavonique. »

La note adressée à Catherine II paraît être simplement la paraphrase de celle qu'on trouve sur une tablette explicative datée de 1782 et conservée aujourd'hui à la bibliothèque de Reims (manuscrits, 256) et qui est ainsi conçue :

« Ce texte des évangiles a été donné à l'église de Reims par le cardinal de Lorraine en 1554. La tradition est qu'il provient du trésor de Constantinople et qu'il a été tiré de la bibliothèque de saint Jérôme.

Les deux alphabets ci-joints (conservés sur une autre tablette ms. 257 de la bibliothèque de Reims) sont coppiés sur ceux qui se trouvent dans le premier volume de la *Diplomatique* des PP. Tassin et Toustain, bénédictins, deuxième partie, page 702, et sont conformes à ceux que la Propagande fit imprimer en 1629.

La première partie du livre est en caractères serviens dits de saint

Cyrille et en langue orientale à l'usage des caloyers. La seconde partie est en caractères illyriens, dits de saint Jérôme, et en langue indienne (1) ou esclavonique.

Le vice-chancelier du czar passant à Reims, le 27 juin 1717, fit lecture très facilement de la première partie, avec deux seigneurs qui étoient avec lui, ils dirent que c'étoit leur langue naturelle, mais ils ne purent lire la seconde partie.

Le roi prête son serment le jour du sacre sur ce livre, dont le couvercle est garni de plusieurs chatons qui renferment des reliques; par une suite sans doute de l'ancien usage rapporté par les historiens de faire les serments sur les évangiles ou sur les reliques et autres symboles de la religion.

Les deux alphabets d'autre part ont été imités sur l'impression dans la dernière exactitude par un nommé Perseval, écrivain et vigneron, à Sacy en 1782. »

En 1782, il y avait sept ans que Louis XVI avait été sacré; il n'était pas difficile de se rappeler quel texte de l'Évangile avait été employé pour la cérémonie. Il est vrai que la relation officielle est absolument muette sur ce détail, mais aucune relation n'a jugé convenable de mentionner l'édition manuscrite ou imprimée des Evangiles employée pour la cérémonie.

Le précieux manuscrit enlevé au trésor de la cathédrale disparut pendant la Révolution. On le crut détruit. C'était précisément l'époque de la renaissance des études de philologie slave. Les slavistes pleurèrent à l'envi la perte d'un document dont nul d'entre eux n'avait eu l'occasion d'apprécier l'exacte valeur. En 1800, Silvestre de Sacy le croyait disparu. Ce précieux manuscrit, disait-il dans le *Magasin Encyclopédique,* était connu sous le nom de *Texte du sacre :* « Je dois en grande partie ces renseignements, ajoutait-il, au C. Poirier, toujours disposé à être utile aux lettres et à ses

---

(1) Le copiste de la tablette a évidemment voulu dire Illyrienne. La note adressée à Catherine II emploie le mot *illiriens* (vide supra p. 22).

amis, et au C. Engrand, son ancien confrère conservateur des dépôts littéraires de la ville de Reims. »

Schlözer écrivait au premier volume de son *Nestor* (I, p. 42) (1) : « L'évangile slave de Reims, devait être très ancien, malheureusement le cannibalisme l'a détruit au début de la Révolution. »

Un peu plus tard Dobrovsky, dans le recueil de dissertations philologiques intitulé *Slawin* (Prague, 1808) consacre à notre manuscrit une dissertation spéciale. Elle renferme de nombreuses erreurs. Dobrovsky est convaincu que le manuscrit a été sacrifié sur les autels de la déesse Raison quand elle a pris possession du temple de Reims et il s'écrie douloureusement avec Horace :

> Unde manum juventus
> Metu Deorum continuit? Quibus
> Pepercit aris... (2) ?

Il renouvelle ce cri de douleur dans la préface de ses *Institutiones linguæ slavicæ dialecti veteris* (Vienne 1822).

« Evangelia slavonica lingua exarata, religiose Remis servata, quæ reges Galliæ coronandi præstando jusjurandum tangere solebant, furor tumultuantium, proh dolor ! igni tradidit. »

Dans le dernier chant de son poème *La Fille de Slava*, intitulé l'*Achéron* et publié en 1832, Kollar dévoue aux châtiments les plus terribles les ennemis de la race slave (3). Parmi eux figurent les Jacobins qui ont détruit l'Évangéliaire de Reims. Kollar leur consacre un sonnet tout entier.

« Pleine de poutres, de rouleaux, de coins, une guillotine frappe ma vue ; vers elle se dirige une caravane de Sans-culottes et de Jacobins.

---

(1) Gœttingue 1802.

(2) Cette citation est empruntée à l'article de Silvestre de Sacy dans le *Magasin Encyclopédique.* (Voir plus loin la bibliographie.)

(3) Voir sur Kollar mon volume *Russes et Slaves* (1ʳᵉ série) p. 277 et suivantes.

« Qui donc amène ici ces sacrilèges dans l'enfer slave? Ah! oui, je m'en souviens.

« Ils viennent en foule de Reims où ils ont pillé l'antique Evangile slave de l'église cathédrale.

« Sur lequel les rois lors de leur couronnement prêtèrent durant de longues années le serment pour la gloire de Slava (1). »

Schafarik dans son *Histoire des littérateurs slaves* (2), Kopitar dans la préface de son *Glagolita Clozianus* (1836) gémissent également sur la perte du manuscrit. Il avait bien failli en effet disparaître dans la tourmente. Tout le monde le croyait perdu.

Il ne l'était pas; la Révolution l'avait tout simplement dépouillé de ses joyaux et de ses reliques. Mais le texte était intact. L'inventaire du mobilier de la cathédrale dressé le 4 janvier 1790 par les officiers municipaux de la ville désignait le manuscrit en ces termes : « Un texte d'évangiles à deux caractères servant pour le sacre. » Cette mention était déclarée exacte par les fabriciens et sénéchaux de l'église (3). Un procès verbal dressé en novembre 1792 mentionne ainsi le poids des métaux précieux arrachés à sa couverture et livrés aux agents nationaux : « Les couverts d'un livre d'évangiles en deux langues pesant trois marcs, sept onces, quatre grains (4). »

Le manuscrit heureusement sauvé entra à la Bibliothèque de Reims; il y figure encore aujourd'hui sous la cote 255 (A 29). Si les slavistes dont nous parlions plus haut avaient pris la peine de s'adresser à la Bibliothèque de Reims, ils se seraient épargné d'inutiles récriminations. Dans un catalogue inédit dressé vers 1810 par M. Coquebert de Taizy figure la mention suivante :

(1) Slava, nom imaginaire d'une prétendue déesse des Slaves.
(2) Geschichte der Slavischen literatur. Ofen 1820, p. 131.
(3) Tarbé. Les trésors des églises de Reims (1843, p. 125).
(4) Tarbé, id., p. 140.

« 31. Évangiles en langue esclavonne in-4° de 48 feuillets, ms. sur vélin à deux colonnes, à l'usage des caloyers.

Les caractères de la première partie sont russes et ressemblent beaucoup au grec, mais la deuxième partie est en caractères inconnus. »

La même mention est répété sur les catalogues dressés vers 1820 par Siret et en 1830 par Gustave Hænel, dans un ouvrage imprimé à Leipzig : *Catalogi librorum manuscriptorum.* (Voir plus loin la bibliographie.)

Ce fut Louis Paris qui annonça la résurrection du manuscrit dans un article publié en 1837 dans la *Chronique de Champagne* (Tome I, pp. 40-52 ; tome II, p. 204 et suivantes).

Kopitar dans les *Blœtter für literarische Unterhaltung* (1838, n° 34, 35), Šafařik dans le Časopis Českého Museum (1838, p. 252, 253), S. Stroev dans le Journal russe du Ministère de l'Instruction publique (janvier 1839) proclamèrent à l'envi la miraculeuse découverte.

Šafařik exprimait le désir de voir le ms. sinon édité en fac simile, tout au moins copié et publié. En 1837 un jeune savant russe, Serge Mikhaïlovitch Stroev (1) était envoyé à Reims pour étudier le manuscrit : il n'arrivait pas tout d'abord à identifier la seconde partie. Il y réussit un peu plus tard, grâce peut être aux leçons du Tchèque Hanka ; il publia le résultat de ses recherches dans la Revue russe de l'Instruction publique (Журналъ Министерства Народнаго Просвѣщенія) et fit exécuter par le paléographe Silvestre quelques fac simile qu'il soumit à l'Académie russe. La notice de Stroev fut reproduite et complétée par Hanka dans la *Revue du Musée de Prague* (1839, p. 491–499, 1840 ; p. 188–194). Elle était accompagnée d'un fac simile.

Cependant, en France, M. de Salvandy confiait le soin d'examiner le

(1) Serge Mikhaïlovitch Stroev, qu'il ne faut pas confondre avec Paul Mikhaïlovitch le célèbre archéologue, né en 1815, mort en 1860. Il visita les principales bibliothèques d'Allemagne et de France pour rechercher les manuscrits slaves. Il a résumé ses recherches dans l'ouvrage intitulé : Описаніе Памятниковъ славяно-русской литературы (Moscou 1841).

manuscrit à un jeune paléographe polonais, Louis Corvin Jastrzembski.

On commençait à s'intéresser en France aux choses slaves. Une chaire allait être prochainement créée au Collège de France. Jastrzembski reconnut dans la seconde partie du manuscrit un texte glagolitique. Il publia le résultat de ses recherches dans le *Journal général de l'Instruction publique* (septembre 1839) et plus tard dans une brochure imprimée à Rome en 1845 : *Notice sur le Ms. de la bibliothèque de Reims, connu sous le nom de texte du sacre*. Jastrzembski n'était pas très versé dans l'étude des langues slaves et il a commis, notamment dans la traduction de l'explicit du manuscrit glagolitique, un singulier contre-sens. Son mémoire n'en marque pas moins une date importante dans l'histoire de notre manuscrit. Pendant les dix années qui s'écoulent de 1840 à 1850, l'Évangéliaire de Reims tient dans les préoccupations des savants slaves une place des plus considérables. Nous voyons tour à tour s'intéresser à lui, Šafařik et Palacký (*Die œltesten Denkmœler der Bœhmischen Sprache*, Prague 1840). Aprilov, dans ses travaux sur la langue bulgare (Odessa 1841), Maciejowski et Tyszynski dans la *Biblioteka Warszawska*, Stroev (Описаніе Памятниковъ Славяно Русской литературы) Vostokov (*ib*), Pogodine (dans le Moskvitianine), Palacký (*Geschichte von Bœhmen*), Šafařik (Slovansky Narodopis), Leo Thun (*Uber den gegenwœrtigen Zustand der bœhmischen Literatur*), Hanka (*Abhandlungen der K. bœhmischen Gesellschaft*). En 1841, Silvestre a publié quelques pages du manuscrit dans sa *Paléographie universelle*. Il est entré en relations avec Kopitar, l'illustre slaviste de Vienne. On le presse de différents côtés de publier une transcription intégrale de l'Évangéliaire. Dans une lettre adressée à M. de Kiselev, lettre dont je dois la copie à l'obligeance de mon collègue de Pétersbourg M. Lamansky, Sylvestre raconte comme il suit dans quelles circonstances il fut amené à faire le calque complet du manuscrit.

« Depuis plusieurs années, les savants slavonistes d'Allemagne (1) me

(1) D'Allemagne : c'est-à-dire de Prague et de Vienne, villes que l'on considérait en ce temps-là comme faisant partie de l'Allemagne.

pressaient pour publier le texte du sacre de Reims. M. Kopitar m'apprit que la diplomatie sollicitait auprès du Gouvernement français le prêt de ce précieux manuscrit, mais j'appris en même temps que la ville de Reims s'était refusée aux demandes faites par deux de nos Ministres de l'Instruction publique.

Peu de temps après, M. Kopitar m'écrivit que la ville de Prague avait voté les fonds nécessaires pour envoyer à Reims un calligraphe capable de copier ce célèbre Évangéliaire slavon (1).

Cette nouvelle fut un trait de lumière pour moi, je savais que de tout temps la Russie s'est vivement intéressée à ce manuscrit, qu'elle en appréciait toute l'importance et je me décidai à entreprendre la longue et pénible tâche de le fac-similer en entier, d'en former un beau volume et de l'offrir à Sa Majesté l'empereur Nicolas Ier.

J'ai travaillé près d'un an et j'ai reproduit avec une si grande exactitude et dans tous ses détails ce précieux document paléographique de la langue slave, qu'il existe aujourd'hui deux textes identiques de ce beau manuscrit. »

L'honneur de ce travail ne revient pas uniquement à Silvestre. Il déclare dans une lettre du 9 septembre 1840 avoir terminé en un mois le calque des 94 pages. Il fut aidé par Jules Lundy, artiste rémois, dessinateur à l'imprimerie royale (2).

Cette lettre est datée du 21 mai 1841. Le 22 novembre 1841, Silvestre accusait réception à l'ambassadeur d'une décoration et d'un présent envoyés par l'empereur Nicolas. Il ajoutait :

« Si l'intention de Votre Excellence était de faire publier le texte de

---

(1) Il serait intéressant de retrouver les lettres de Kopitar à Silvestre. Les deux volumes de correspondance publiés par M. Jagié ne contiennent aucune allusion à cet épisode de la vie du célèbre slaviste.

(2) Notice de M. Sutaine sur les artistes rémois contemporains, publiée dans les Travaux de l'Académie de Reims, article Jules Lundy, p. 112 à 114 (renseignement communiqué par M. Jadart).

Reims, que tous les savants slavonistes attendent impatiemment, notamment ceux d'Allemagne, et dont ils avaient vivement sollicité la publication auprès de moi; nanti des calques et l'original sous les yeux, j'offrirais à Votre Excellence de le faire graver avec un soin scrupuleux pour le compte de la Russie, soit qu'elle désire que j'envoie à Saint–Pétersbourg les cuivres gravés ou que je me charge du tirage et du coloriage de l'édition au nombre d'exemplaires qui me seraient indiqués par Votre Excellence, dont j'attends les ordres. »

Sur le rapport du comte Ouvarov, alors ministre de l'Instruction publique, l'empereur Nicolas ordonna que l'impression du manuscrit fût exécutée aux frais du Ministère des Finances, à charge pour Silvestre de mettre à la disposition de l'ambassade trois cents exemplaires. Hanka (dans une lettre inédite du 18/30 avril 1842 dont je dois également communication à M. Lamansky) avait vivement insisté auprès du comte Ouvarov pour faire ressortir l'importance de cet antique monument du culte *orthodoxe* en Bohême (Бывшее у насъ праѿославіе). Il se trompait. Le manuscrit de Reims atteste simplement l'existence de la liturgie slave chez les Tchèques, mais non point de l'orthodoxie grecque.

Par l'ordre de l'empereur, le comte Cancrine, ministre des Finances, mit à la disposition de son collègue le comte Ouvarov une somme de treize mille francs. Toutefois, en l'avisant de cette décision, il ajoutait : « Permettez–moi, d'après notre ancienne connaissance, de vous faire l'observation, s'il n'est pas nécessaire de faire auparavant examiner le contenu de ce manuscrit. Il y a quelquefois des variantes qui pourraient donner ombrage au Synode. Sans doute je ne crois pas qu'il y en ait de telles, comme au fameux évangile de saint Jean trouvé chez les templiers (1), dont le commencement est un Panthéisme en forme, mais il pourrait y avoir cependant quelque chose qui pourrait frapper. »

(1) J'ignore quel est cet évangile de saint Jean.

Ce doit être celui que Mr. Pichon a étudié vers 1928-29

Si Cancrine jeta les yeux plus tard sur le fac simile, il put constater que ses alarmes étaient vaines et qu'il ne renfermait rien dont la conscience du saint Synode pût être scandalisée. Cependant ses observations décidèrent peut-être le comte Ouvarov a refuser d'accepter, en même temps que les trois cents exemplaires du fac simile, un nombre égal d'exemplaires des *Prolegomena* que Silvestre avait demandés au célèbre slaviste Kopitar.

Kopitar était considéré comme un ennemi de la Russie; l'Eglise orthodoxe était en guerre avec l'Eglise uniate ou romaine slave dont Kopitar retraçait les destinées. Ces raisons avaient suffi pour rendre suspect un opuscule qui semblerait aujourd'hui tout à fait inoffensif. Kopitar s'y montrait peu bienveillant pour Stroev dont il raillait l'ignorance (1).

Je ne sais ce que devinrent les trois cents exemplaires refusés par le comte Ouvarov. La préface de Kopitar figure en tête de l'édition de Louis Paris dont je parlerai tout à l'heure. Elle a été réimprimée par Miklosich dans sa Slawische Bibliothek (Vienne 1851, p. 57–89).

L'édition de Silvestre était peu accessible au public. Hanka en publia à Prague, en 1846, une édition de librairie sous ce titre : **Сазаво-Еммаузское святое благовѣствованіе, нынѣ же ремешское.** Cette édition était en caractères cyrilliques. Je n'ai pas pu réussir à me la procurer. Elle n'a d'ailleurs qu'un intérêt de curiosité.

En 1852, M. Louis Paris, ancien bibliothécaire de Reims, publia, d'accord avec M. Silvestre, une édition à l'usage du public français. Elle était précédée des Prolégomènes de Kopitar et d'une préface de M. Louis Paris. Evidemment, le savant bibliothécaire de Reims s'aventurait sur un terrain très nouveau pour lui. Il ne faut pas trop lui tenir rigueur de ses erreurs. Ainsi, p. 13, il reproduit un contre-sens de Jastrzembski sans s'apercevoir que cette erreur a été corrigée dans la traduction latine

(1) Schafarik, dans sa correspondance avec Pogodine, appelle Kopitar Mephisto. Il est, dit-il, ganz Diener und Organ der rœm. deutsch. polnischen Jesuiten (Письма къ Погодину, Moscou 1879, p. 269.)

de Kopitar ; même page il rattache saint Procope, abbé de Saint–Sava, à l'hagiologie grecque. C'est tchèque qu'il eût fallu dire. Enfin la date qu'il prétend assigner à la partie cyrillique du manuscrit est absolument en contradiction avec celle de Kopitar (P. XIII des *Prolegomena*). Kopitar était mort le 8 mai 1844. Le commentateur français pouvait, sans craindre de réclamation, attribuer à l'année 1030 le texte dont Kopitar disait quelques pages plus loin : « Sana critica id nonnisi pro scripto seculi XIV admittet. »

L'édition était dédiée au cardinal Gousset, archevêque de Reims (1791–1866), dont on connaît les beaux travaux sur le droit canonique.

Pendant les années qui ont précédé et suivi sa publication, l'Évangéliaire de Reims a donné lieu à toute une littérature ; nous voyons tour à tour s'intéresser à lui tous les hommes qui à ce moment jouent un rôle important dans la philologie slave, Safařik, Hanka, Palacký, Jordan, Kopitar, Kœppen, Jastrzembski, Maciejowski, Sreznevsky, Vostokov, Bouslaev, Paplonsky, Kunik, etc. La liste des travaux publiés par ces savants constitue pour notre manuscrit un véritable livre d'or. Nous la donnerons plus loin. A dater de 1852, ce mouvement de curiosité se calme et le manuscrit tombe un peu dans l'oubli. En 1886, un slaviste polonais, M. Łos, passe à Reims et a l'idée de collationner l'édition Silvestre sur ce manuscrit. Disciple du savant slaviste M. Jagić, M. Łos a entendu son maître affirmer que l'édition de Silvestre ne doit pas être exempte de fautes et qu'il serait intéressant de la comparer avec le manuscrit original. Il publie les résultats de ses recherches dans l'*Archiv für Slavische Philologie* (tome IX, p. 478 et suivantes).

Il signale des ligatures mal copiées, des lettres déflorées, et relève un certain nombre de mauvaises lectures. Par une distraction d'ailleurs excusable chez un étranger, il confond le paléographe Silvestre avec l'orientaliste Silvestre de Sacy. En 1799, Silvestre de Sacy s'était occupé en passant de notre manuscrit dans un article du *Magasin encyclopédique*, rédigé par

Millin (Tome VI, p. 457-458). Cette confusion de Silvestre avec Silvestre de Sacy se retrouve dans l'ouvrage de M. Boudilovitch sur la langue panslave (Общеславянскій Языкъ, tome II, p. 145).

Après avoir suscité de nombreuses hypothèses, d'innombrables polémiques pendant les cinquante premières années du siècle, le manuscrit de Reims était un peu tombé dans l'oubli : l'attention des slavistes s'était portée sur d'autres textes d'origine moins légendaire, d'histoire plus modeste, mais d'un intérêt linguistique plus sérieux. Une circonstance imprévue le remit en lumière à la fin de l'année 1896. Lors de la visite de Sa Majesté l'empereur Nicolas II à Paris, le Ministre de l'Instruction publique, M. Rambaud, un profond connaisseur des choses slaves, songea à notre manuscrit. Il le fit venir de Reims et exposer dans la Sainte-Chapelle du Palais de Justice, à côté de quelques documents intéressants, notamment de la charte qùi renferme la signature authentique de la reine Anna Jaroslavna (1). Cette circonstance ramena l'attention sur l'Évangéliaire. Grâce à la libéralité d'un négociant rémois, M. P. Limichin, M. V. Charlier, attaché à la Bibliothèque de la ville de Reims, entreprit de photographier le manuscrit tout entier et il y réussit. Un exemplaire de sa photographie fut offert à Sa Majesté l'empereur Nicolas II, un autre à la Bibliothèque impériale de Saint-Pétersbourg qui a fait adresser en échange à M. Charlier un exemplaire de l'Évangile d'Ostromir. Un autre exemplaire, tiré par M. Charlier, a été offert à notre Bibliothèque Nationale et un quatrième à la Bibliothèque de Reims.

L'Académie de Reims se demanda s'il n'y avait pas lieu de faire profiter le monde savant du travail de M. Charlier et me fit l'honneur de me consulter sur la question. Je ne pouvais mieux faire que de m'adresser à M. Dujardin, dont le monde scientifique apprécie depuis longtemps les admirables reproductions. Après avoir collationné le manuscrit et les

---

(1) J'ai publié le fac-similé de cette charte dans le volume intitulé *La Russie* (librairie Larousse).

épreuves de M. Charlier, tout en rendant justice à un excellent travail d'amateur, M. Dujardin a conclu que les clichés devaient être refaits à la lumière jaune dans des conditions d'exactitude absolue. Le manuscrit a donc refait le voyage de Paris et a été photographié de nouveau dans le local spécial de la Bibliothèque nationale. Ce voyage a été, espérons-le, la dernière de ses pérégrinations. Les érudits et les amateurs nous sauront sans doute gré d'avoir mis à leur disposition, sous une forme définitive, deux textes dont l'intérêt philologique et historique est considérable, et auxquels se rattachent de si nobles légendes et de si grands souvenirs.

BIBLIOGRAPHIE DE L'ÉVANGÉLIAIRE[1]

Piganiol de la Force. — Nouvelle description de la France. Paris, 1715. Troisième partie, chap. II. Reims.

— Nouveau voyage en France. Paris, 1724. Tome II, p. 202.

Pluche. — Le spectacle de la nature. Paris, 1732 et années suivantes. (Tome VII, éd. 1768, p. 256.)

Büsching. — Neue Erdbeschreibung 2ter Teil. Hambourg, 1754 et années suivantes.

Expilly. — Dictionnaire géographique des Gaules et de la France. Amsterdam, 1770. Tome VI, p. 143.

Storch (Heinrich). — Skizzen, Scenen und Bemerkungen auf einer Reise durch Frankreich gesammelt. Heidelberg, 1787.

Völkner. — Allgemeiner litterarischer Anzeiger. Leipzig, 1797, N° LXXIII, p. 752.

Alter. — Philologisch. Kritische Miscelaneen. Vienne, 1799, p. 242-244.

S[ilvestre] de S[acy]. — Magasin Encyclopédique rédigé par Millin, V° année (Paris). Tome VI, p. 457-458, rend compte du travail d'Alter.

Alter. — Allgemeiner litterarischer Anzeiger. Leipzig 1801, p. 1165-1167 (d'après Sylvestre de Sacy).

H. — Beiträge zur praktischen Diplomatik für Slaven. Vienne, 1801, p. 151-154.

Schlözer. — Russische Annalen, 1er Teil. Göttingen, 1802, p. 42. Cf. une lettre de Krug publiée dans les *Forschungen in der älteren Geschichte Russlands*. Vol. I, Saint-Pétersbourg, 1841 (introduction p. LIV-LV).

Dobrovsky. — Slavin, Beiträge zur Kenntniss der Slavischen Literatur. Prague, 1808, p. 69-70, 275-279 (ouvrage réimprimé à Prague en 1834). A cette époque Dobrovsky ignorait encore que le manuscrit n'était pas perdu.

Geruzez. — Description historique et statistique de la ville de Reims. Reims, 1817. Tome I, p. 318.

---

(1) Je dois une grande partie de cette bibliographie à l'obligeance de mon collègue de Saint-Pétersbourg, M. Lamansky. Je l'ai complétée par des recherches personnelles et par des indications communiquées par M. Jadart, bibliothécaire de la ville de Reims.

Dobrovsky. — Institutiones linguæ slavicæ dialecti veteris. Vienne, 1822 (voir la préface). Ouvrage réimprimé à Vienne en 1852.

— Lettre à Pertz, Archiv der Gesellschaft für ältere deutsche Geschichtskunde. Hannover. Tome V, p. 666.

Kœpppen. — Библіограф. Листы. Sᵗ-Pétersbourg, 1825. N° 34.

Schafarik. — Geschichte der Slavischen Sprache und Literatur. Ofen. 1826, p. 131.

G. Hænel. — Catalogi librorum manuscriptorum qui in bibliothecis Galliæ... asservantur. Leipzig, 1830 (col. 389 à 410.)

Joh. Wilhelm graf zu Sternberg Manderscheid. — Lettres à Hanka, d'après *Œster. Blätter*. Vienne, 1832. N° 166.

Kollar. — Slávy Dcera. Prague, 1832. Chant V, Sonnet 103 (et le commentaire du sonnet). J'ai sous les yeux l'édition de 1862.

Legis Glückselig. — Jahrbücher für wissenschaftliche Kritik. Berlin, 1835. I, N° 26.

Журналъ Министерства Нар. Просвѣщенія. Sᵗ-Pétersbourg, janvier, 1836.

Kopitar. — Glagolita Clozianus. Vienne, 1836, p. x. (Nouvelle édition par Vondrak. Prague, 1896.)

J. Grimm. — Gelehrte Anzeigen. Göttingen, N° 34.

Tesse. — Neue theologische Zeitschrift. Vienne, 1836. IXᵉ année, 1ᵉʳ volume, p. 351.

Moriz Haupt. — Jahrbücher der Literatur. Vienne, 1836. Vol. LXXXVI, p. 114.

Kœppen. — Lettre du 23 mars 1836 à Hanka, imprimée dans *Œsterreichische Blätter*. 1847, N° 166.

Kopitar. — Österreichische Zeitschrift für Geschichtskunde. Vienne, 1836. N° 86-88.

I. O. — Même titre. Das Ausland. Munich. N° 128-130.

Biblioteca Italiana. Milano. Tome LXXXII.

Purkinje. — Jahrbücher für wissenschaftliche Kritik. Berlin, 1837. N° 102.

Schmeller. — Gelehrte Anzeigen. Munich. N° 141.

Louis Paris. — La chronique de Champagne. Reims, 1837 et années suivantes. Tome I, 40-52; II, 204-207; III, 59.

Kopitar. — Das widerentdeckte Krönungsevangelium von Rheims. Blätter für literarische Unterhaltung. Leipzig, 1838. Nᵒˢ 34, 35.

Šafařik. — Casopis Ceského Museum. Prague, 1838.

S. Stroev. — Журналъ Мин. Нар. Просвѣщенія. Sᵗ-Pétersbourg, 1839 (N° de janvier).

Rozmaitości Lwowskie. Lwów, 1839. N° 50.

S. Stroev. — Сѣверная Пчела. St-Pétersbourg, 1839. N{os} 131, 260.

Hanka. — Casopis Českého Museum. Prague, 1839, p. 491-499.
— Casopis pro katolické Duchowenstwo, même année, p. 816, 823.

Kopitar. — Hesychii glossographi discipulus et epiglossistes Russus. Vienne, 1839 (passim).

Eichhoff. — Histoire de la langue et de la littérature slaves. Paris, 1839.

Сынъ Отечества. St-Pétersbourg, 1839. Tome VIII, Section VI (note de N. Polevoï).

Jastrzębski. — Journal général de l'Instruction publique. Sept. 1839 (Paris).

Maciejowski. — Pamiętniki o dziejach, piśmiennictwie i prawodawstwie Słowian. Tome II, p. 12. St-Pétersbourg et Leipzig, 1839.

Öst und West, Blätter für Kunst, Literatur. Prague, 1840. N° 4.

Allgemeine Literatur Zeitung. Halle, 1840. N° 4.

Almanach de Carlsbad. 1840, p. 224-238.

Сѣверная Пчела. 1840, N° 28.

Hanka. — Časopis Českého Museum. Prague, 1840.

Wiszniewski. — Historya Literatury Polskiej. Cracovie, 1840, p. 146.

Pott. — Art. Indogermanischer Sprachstamm (Encyclopédie Ersch et Gruber, 2e section, partie 18). Leipzig, 1840, p. 168.

Schafarik et Palacky. — Die ältesten Denkmäler der Bœhmischen Sprache. Prague, 1840.

Sreznevsky. — Отечественныя Записки. St-Pétersbourg, 1840, tome X.

Biblioteka Warszawska. Varsovie, 1841, tome I.

Silvestre. — Paléographie Universelle (4e partie, p. 91-94). Paris, 1841.

Aprilov. — Болгарскіе Книжники. Odessa, 1841.
— Денница новоболгарскаго образованія. Odessa, 1841, 1re partie.

Maciejowski. — Biblioteka Warszawska. Varsovie, 1841. Tome II, p. 64; III, p. 118.

A. Tyszyński. — Biblioteka Warszawska. Tome III, p. 266.

Casopis Českého Museum. Prague, 1842, p. 159 (lettre de Jastrzębski à Hanka (1).

(1) Cette lettre, datée du 13 octobre 1841, renferme un renseignement assez curieux, mais malheureusement très vague : « Un jeune comte français slavophile demeurant à quelques lieues de Paris possède une riche bibliothèque qui renferme plus de 400 volumes en diverses langues slaves et quatre manuscrits slaves dont trois liturgiques et un historique... » Quelle pouvait bien être cette bibliothèque ?

S. Stroev. — Описаніе Памятниковъ Славяно-Русской литературы, хранящихся въ Публичныхъ Библіотекахъ Германіи и Франціи. Moscou, 1841.

Pogodine. — Art. du Москвитянинъ. 1841.

Casopis pro Katolické Duchowenstwo. Prague, 1841, p. 327-334.

Palacký. — Geschichte von Bœhmen, 2ᵗᵉⁿ Bandes 2ᵗᵉ Abteilung. Prague, p. 305-306.

Šafařik. — Slowanský Narodopis. Prague, 1812, p. 388.

Thun (Leo Graf von). — Ueber den gegenwärtigen Stand der bœmischen Literatur. Prague, 1842, p. 27.

Hanka. — Wýpiski z Remeškého Ewangelium (Abhandlungen der k. bœhm. Gesellschaft der Wissenschaften). Prague, 1843.

Almanach de Carlsbad. 1843, p. 216-226.

Денница (éditée par Doubrovsky). Varsovie, 1843, p. 81.

Marlot. — Voir plus haut, p. 17.

Tarbé. — Voir plus haut, p. 17.

Slawen und Germanen. Leipzig, 1843, p. 105.

Москвитянинъ. Moscou, 1843, p. 630.

Vostokov. — Préface de l'Évangile d'Ostromir. Sᵗ-Pétersbourg, 1843, p. IV, V.

Silvestre. — Évangéliaire slave de Reims ou Texte du sacre. Édition *fac-simile* in-4°, Paris, 1843. Édition de titre avec notice de Louis Paris. Paris, 1852.

Kopitar. — Prolegomena historica (voir plus haut, p. 31). Ce travail a été traduit en russe par Paplonski en 1848.

Westwood. — Palæographia sacra pictoria. London, 1843.

Wiener Zeitung. Vienne, 1844, N° 9, N° 31 (art. de K. c'est à dire Kopitar).

Berednikov. — Журналъ Мин. Нар. Просвѣщенія. Livraison de mai. Sᵗ-Pétersbourg, 1844.

Peschek. — Geschichte der Gegenreformation in Bœhmen. Dresde, 1844. Tome I, p. 502.

Legis Glückselig. — Jahrbücher für Wissenschaftliche Kritik. Berlin, 1845. N° 52.

Katkov (1). — Объ элементахъ и формахъ Славяно-Русскаго языка. Moscou, 1845, p. 17-18.

Linde. — Матеріалы для сравнительнаго Русскаго Словаря. Varsovie, 1845 (Préface, p. xi).

____

(1) C'est le futur rédacteur de la *Gazette de Moscou*.

Landrin fils. — Préface de l'Essai sur la Philologie slave, par D. S...k. Paris, 1846, librairie Franck. (Cette préface est un tissu d'erreurs. M. Landrin croit encore que le manuscrit de Reims a été détruit et qu'il a servi au serment du sacre depuis Louis IX jusqu'à la Révolution!)

Jordan. — Bœhmen, Geschichte des Landes, 2er Band. Leipzig, 1846, p. 231.

Maciejowski. — Pierwotne dzieje Polski i Litwy. Varsovie, 1846, p. 9.

Zemnitsky. — О языкѣ церковно-славянскомъ. Odessa, 1846, p. 74-76.

Hanka. — Сазаво-Еммаузское святое благовѣствованіе. Prague, 1846 (voir plus haut p. 31).

K[unik]. — Das Reimser Evangelium, Sanct Petersburger Zeitung. 1846, Nos 68, 69.

Jahrbücher für Slawische Literatur. Leipzig, 1846, p. 113-115 et 214-215, à propos de l'édition de Hanka.

Repertorium der Literatur, publié par Gersdorf. Leipzig, 1846 (Heft 31).

Doubrovsky. — Dans le Москвитянинъ. 1846, N° 4, p. 185.

Œster. Blätter. Vienne, 1846, Nos 66, 79, 87.

Sreznevsky. — Москвитянинъ. 1846, N° 8.

Отечественныя Записки. St-Pétersbourg, 1846. Tome 49, section VII.

Casopis Českého Museum. Prague, 1846, p. 645.

Sanct Petersburger Zeitung. 1847, N° 34 (art. de K[unik]).

Vychnegradsky. — О филологическихъ изслѣдованіяхъ церковно-славянскаго нарѣчія. St-Pétersbourg, 1847, p. 79-80.

Miklosich. — Jahrbücher der Literatur. Vienne, 1847. Tome CXIX, p. 19.

Legis Glückselig. — Œster. Blätter. Vienne, 1847. Nos 158, 159, 163, 166, 170, 171, 172, 173.

Paplonski. — О Реймскомъ Евангеліи, Журналъ Мин. Нар. Просвѣщенія. St-Pétersbourg, 1848. Nos LVII, LVIII.

Ed. de Muralt. — Novum testamentum græce. Hambourg, 1848 (préface, p. LIII, LIV).

Bouslaev. — О вліяніи христіянства на славянскій языкъ. Moscou, 1848, p. 200, 206.

Sanct Petersburger Zeitung, 1848, N° 245.

Vostokov. — XVIIoo присужденіе учрежденныхъ Демидовымъ наградъ. St-Pétersbourg, 1848, p. 103, 106.

Kunik. — Sur quelques points relatifs à l'histoire antérieure de l'Évangile de Reims. Réponse à M. Legis Glückselig (lecture faite le 22 décembre 1848 dans la section d'histoire et de philologie de l'Académie des Sciences).

Biliarsky. — Судьбы церковнаго языка. St-Pétersbourg, 1859 (étudie la partie cyrillique de l'Évangiliaire).

Ivan Berčič. — Čitanka Staroslovenskoga Jezika. Prague, 1864. La préface donne quelques indications sur notre Évangéliaire dont des extraits figurent en outre aux pages 59, 60, 61. Elle fournit en note un curieux extrait d'un ouvrage de Tommaseo que je n'ai pas sous les yeux, *Dizionario estetico* (Milan, 1859): « Intorno a questo volume si adunano le memorie di Boemia e di Grecia, di Reims, e di Trento, d'imperatori russi e di re francesi, di dotti englesi, francesi, russi, tedeschi, d'un pittore e d'un cardinale, del crisma e del sangue reali, di due eresie e di due troni cadeti, d'una grande rivoluzione e d'une grande concilio. » Né en Dalmatie Tommaseo était slave d'origine.

Slovnik Naučný, tome VII. Prague, 1868 (art. Remešské Evangelium, par Gebauer).

L. Leger. — Cyrille et Méthode. Paris, 1868.

Cerf (l'abbé). — L'Évangéliaire slave, manuscrit dit Texte du sacre. Reims, 1868 (tirage à part des travaux de l'Académie de Reims. Tome XLVII, p. 309). Réédition en 1881.

A. Chodźko. — Grammaire paléoslave. Paris, 1869. [Introduction, p. xii-xiii (De graves erreurs). Quelques textes reproduits, p. 217-220.

Переписка А. А. Востокова. St-Pétersbourg, 1873, p. 351, 357.

Filimonov. — Славянскія знаменитости въ предѣлахъ Франціи. Реймское Евангеліе (Вѣстникъ Общества древне-русскаго искусства при Московскомъ публ. Музеѣ). Moscou, 1874.

Письма къ Погодину изъ славянскихъ земель (1835-1861). Moscou, 1879. La seconde partie renferme, p. 258 à 286, un certain nombre de lettres de Safařik relatives à notre ms.

Josef Marn. — Kopitarjeva Spomenica. Ljublania (Laybach), 1880, p. 25-26.

Perwolf. — Меѳодіевскій юбилейный сборникъ. Article Словѣнскій языкъ и его судьбы у народовъ славянскихъ. Varsovie, 1883, p. 43-44.

Avril (Baron). — Saint Cyrille et Saint Méthode. Paris, 1885.

Łoś J. — Berichtigungen zum Reimser Evangelium. Arch. für slavische Phil. IX (Berlin, 1886).

Переписка Я. К. Грота съ П. А. Плетневымъ. St-Pétersbourg, 1886. Tome III, p. 169.

Русскій Филологическій Вѣстникъ Смирнова. Varsovie, 1887. Article de Sobolevsky : Кирилловская часть Реймскаго Евангелія, p. 143-150.

Perwolf (I.). — Славяне, ихъ взаимныя отношенія и связи. Varsovie, 1888. Tome II, p. 541, 544.

Jadart (H.). — Passage de Pierre-le-Grand à Reims le 22 juin 1717. Reims, 1890, p. 7. (Extrait de l'*Almanach-Annuaire de la Marne, de l'Aisne et des Ardennes pour 1891*).

Pastrnek F. — Evangelium Sázavo emauské. Casopis Matice Moravské. Brno (Brünn), 1891, p. 331-340.

Sobolevsky. — Лекціи по исторіи русскаго языка. S'-Pétersbourg, 1891. p. 12-13.

A. Boudilovitch. — Общеславянскій языкъ. Varsovie, 1892. Tome II, p. 135.

Bulletin du Diocèse de Reims, années 1893, p. 484 et 506 et 1894, p. 25.

L. Leger. — Russes et Slaves, 2ᵉ Série. Paris, 1896, p. 312-317.

Cherbourg, Paris, Châlons. Paris, 1896, p. 93.

Jagić. — Neue Briefe von Dobrovsky, Kopitar, etc. Berlin, 1897, p. LXVI-LXIX, 346, 455.

Charlier (Victor). — Évangéliaire slave, dit Texte du sacre, d'après l'original de la Bibliothèque de Reims. 1897. 94 pl. photographiées. Voir plus haut, p. 33 (cette reproduction n'a pas été mise dans le commerce).

Loriquet (Henri). — Manuscrits de la Bibliothèque de Reims. Paris, 1898, p. 239-242. Je dois à l'obligeance de la librairie Plon et de M. Jadart communication de cette notice encore inédite.

Paris (Louis). — Évangéliaire slave, dit Texte du sacre, de la Bibliothèque de Reims. Note. Reims, s. d. 2 pl. fac-simile.

Leger (Louis). — Catherine II et l'Évangéliaire slave de Reims, dit Texte du sacre. Reims, 1899. (*Travaux de l'Académie de Reims.* Tome CIII, p. 287.)

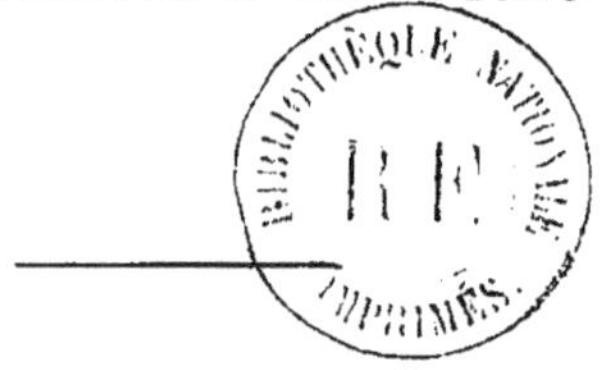

INDEX

DES TEXTES CITÉS DANS L'ÉVANGÉLIAIRE

———

PARTIE CYRILLIQUE

PARTIE GLAGOLITIQUE

(1) Le texte porte par erreur : aux Romains.

TABLE DES MATIÈRES

www.ingramcontent.com/pod-product-compliance
Lightning Source LLC
Chambersburg PA
CBHW061248050726
47594CB00004B/1421